El regreso del cangrejo azul

Lesley Ward

✳ Smithsonian

Autora contribuyente

Allison Duarte, M.A.

Asesoras

Tamieka Grizzle, Ed.D.
Instructora de laboratorio de CTIM de K–5
Escuela primaria Harmony Leland

Alison Cawood
Coordinadora de Ciencia Ciudadana,
Smithsonian

Créditos de publicación

Rachelle Cracchiolo, M.S.Ed., *Editora comercial*
Conni Medina, M.A.Ed., *Redactora jefa*
Diana Kenney, M.A.Ed., NBCT, *Directora de contenido*
Véronique Bos, *Directora creativa*
Robin Erickson, *Directora de arte*
Seth Rogers, *Editor*
Caroline Gasca, M.S.Ed., *Editora superior*
Mindy Duits, *Diseñadora gráfica superior*
Walter Mladina, *Investigador de fotografía*
Smithsonian Science Education Center

Créditos de imágenes: pág.5 Corbis/Getty Images; pág.7 Science Source/Getty Images; pág.8, pág.14, pág.16 (ambas), págs.17–18, pág.23 © Smithsonian; págs.20–21 M. Timothy O'Keefe/Alamy; todas las demás imágenes cortesía de iStock y/o Shutterstock.

Library of Congress Cataloging-in-Publication Data

Names: Ward, Lesley, author.
Title: El regreso del cangrejo azul / Lesley Ward, Smithsonian Institution.
Other titles: Blue crab comeback. Spanish
Description: Huntington Beach : Teacher Created Materials Publishing,
   [2020] | Includes index. | Audience: Grades 2-3
Identifiers: LCCN 2019035416 (print) | LCCN 2019035417 (ebook) | ISBN
   9780743927017 (paperback) | ISBN 9780743927161 (ebook)
Subjects: LCSH: Blue crab--Conservation--Chesapeake Bay (Md. and
   Va.)--Juvenile literature. | Blue crab--Chesapeake Bay (Md. and
   Va.)--Juvenile literature. | Blue crab fisheries--Juvenile literature. |
   Crabs--Conservation--Chesapeake Bay (Md. and Va.)--Juvenile literature.
   | Crabs--Juvenile literature. | Chesapeake Bay (Md. and
   Va.)--Ecology--Juvenile literature.
Classification: LCC QL444.M33 W357518 2020 (print) | LCC QL444.M33
   (ebook) | DDC 595.3/860916347--dc23

Teacher Created Materials

5301 Oceanus Drive
Huntington Beach, CA 92649-1030
www.tcmpub.com

ISBN 978-0-7439-2701-7
© 2020 Teacher Created Materials, Inc.
Printed in Malaysia
Thumbprints.25941

Contenido

Cangrejos azules en peligro

Se capturan millones de cangrejos azules en la bahía de Chesapeake cada año. A la gente le encanta la carne de cangrejo azul porque es dulce. Los cangrejos se sirven en restaurantes de todo el mundo. Pero se avecina un gran problema en la bahía. Los cangrejos azules están en apuros. Su **población** se está reduciendo. ¿Por qué? Las dos razones principales son la sobrepesca y los cambios en su hábitat. Esto afecta a los pescadores que trabajan largas jornadas atrapando cangrejos azules para ganarse la vida. En poco tiempo, ¡tal vez no haya más cangrejos azules para atrapar! Si eso sucede, miles de personas se quedarán sin trabajo.

Los científicos y los pescadores se han unido para evitar este desastre. Los científicos atrapan cangrejos y luego los vuelven a liberar en la bahía. Estudian la vida de los cangrejos azules. Los pescadores reúnen datos sobre los cangrejos mientras trabajan en sus barcos. Los científicos y los pescadores están trabajando juntos para salvar a los cangrejos azules.

Este hombre atrapa cangrejos azules en la bahía de Chesapeake.

Los cangrejos de Chesapeake

Los cangrejos azules se llaman así porque sus **pinzas** son de color azul zafiro. Las pinzas de los machos son completamente azules. Las hembras tienen reflejos rojos en la punta de las pinzas. Todos los cangrejos azules tienen caparazones de color café o verde oliva que llegan a medir hasta 23 centímetros (9 pulgadas) de ancho.

Los cangrejos azules tienen cuatro pares de patas. Tres pares son para caminar. Las dos patas traseras tienen forma de remo. Sirven para nadar. Los cangrejos azules son parientes cercanos de los camarones y las langostas. Son *invertebrados*, lo cual significa que no tienen columna vertebral.

Una de las poblaciones más grandes de cangrejos azules está en la bahía de Chesapeake. La bahía está ubicada en Estados Unidos y limita con Maryland y Virginia.

bahía de Chesapeake

Un cangrejo azul
muda el caparazón.

La muda de caparazones

Cuando un cangrejo crece, se desprende de su caparazón y le crece uno más grande. Este proceso se llama *muda*. La hipodermis, una capa de células que está debajo del caparazón, produce **enzimas**. Esas enzimas aflojan los tejidos que conectan el caparazón viejo con el cangrejo. Un caparazón blando crece debajo. El cangrejo absorbe agua y se hincha. El caparazón viejo se rompe y el cangrejo sale. El caparazón nuevo es blando, pero se endurece en unos pocos días.

Los cangrejos azules viajan mucho durante su vida. Cuando son **larvas**, viven en agua salada en el interior de la bahía. Cuando crecen, nadan hacia tierra firme. Los cangrejos jóvenes se ocultan de los **depredadores** en las marismas y en los pastos marinos que están cerca de la costa.

Los cangrejos azules normalmente viven de tres a cuatro años. Tardan de 12 a 18 meses en convertirse en adultos. Esa es la edad en la que pueden comenzar a tener crías. Cuando hace calor, los cangrejos azules viven en aguas poco profundas. En invierno, **hibernan** en aguas profundas. Los cangrejos azules hembra **se aparean** solo una vez en su vida. Pero desovan, o ponen huevos, muchas veces.

Los cangrejos hembra hacen un viaje peligroso para poner los huevos. Nadan hasta la boca de la bahía de Chesapeake para desovar en el agua salada del océano. Corren peligro de que los depredadores se las coman en el viaje. Los pescadores también pueden atrapar cangrejos hembra en las redes. ¡Las hembras que logran llegar al lugar de desove pueden poner más de tres millones de huevos!

cangrejo hembra con huevos

larva más grande

larva joven

Los cangrejos azules son caníbales, lo cual significa que comen a otros de su misma especie. ¡Los cangrejos azules jóvenes a menudo son el alimento de los cangrejos adultos!

Un problema con la población

El número de cangrejos azules de la bahía de Chesapeake era muy bajo en 2008. Era un problema muy grave. La escasez de cangrejos perjudicaba a las personas que vivían y trabajaban en la bahía. Los pescadores dependían de los cangrejos azules para poder trabajar. Los restaurantes necesitaban cangrejos para alimentar a los clientes.

Los científicos también estaban preocupados por los cangrejos azules. Temían que la escasez de cangrejos azules pudiera causar problemas a otras especies. Los cangrejos azules cumplen un papel importante en la **cadena alimenticia** de la bahía.

Muchos animales de la bahía dependen de los cangrejos azules para alimentarse. Aves, mamíferos pequeños y peces comen cangrejos azules. Y esos animales son el alimento de animales más grandes.

Si los cangrejos desaparecieran, los animales más grandes podrían ser los siguientes. Eso tendría un impacto grave en el **ecosistema** de la bahía.

Un pitotoy grande se da un festín con un cangrejo pequeño.

Una garza azulada atrapa un cangrejo azul.

Cuando comes un cangrejo de caparazón blando, ¡te comes el animal entero! Eso incluye la cabeza, las pinzas, las patas y el caparazón.

El impacto de los seres humanos

Los pescadores tienen un trabajo difícil. Llegan al muelle muy temprano por la mañana. Comienzan el día revisando el equipo de sus botes. Reparan las trampas para que los cangrejos grandes no se puedan escapar. Cortan trozos de anguila para usar como **carnada**, y se dirigen a la bahía a buscar los flotadores que están unidos a sus trampas.

Un pescador puede levantar hasta quinientas trampas por día. Algunos levantan las pesadas trampas a mano. Otros las levantan con motores. Se entusiasman cuando las trampas están llenas de cangrejos. En 2008, las trampas estaban vacías la mayoría de los días. ¡Fue un desastre!

Los pescadores de la bahía de Chesapeake necesitan que haya una población grande de cangrejos para poder ganarse la vida. Hay una gran demanda de cangrejos azules. Los cangrejos se venden a empresas de mariscos y restaurantes. Pero, si no hay cangrejos, no se puede ganar dinero.

bote cangrejero

trampa para cangrejos

trampa con carnada

puerta de entrada

TECNOLOGÍA

Cómo funciona una trampa para cangrejos

En el pasado, los pescadores usaban redes manuales y cestas para atrapar cangrejos. Eso era difícil y llevaba mucho tiempo. Hoy en día, usan trampas hechas de mallas metálicas que se pueden dejar en el agua durante varios días. Las trampas tienen puertas para que los cangrejos entren a comer la carnada, pero no les permiten salir.

Los científicos entran en acción

Los funcionarios locales estaban preocupados por el problema de las trampas vacías. Miles de pescadores y empresas de mariscos dependían de los cangrejos azules para ganar dinero. Muchas personas perdieron su empleo en 2008 debido a la escasez de cangrejos. ¡No había tiempo que perder! La región fue declarada zona de desastre. El gobierno de EE. UU. dio dinero para ayudar.

Los funcionarios querían saber qué estaba pasando con los cangrejos. Les pidieron ayuda a los científicos. Los científicos sabían mucho sobre los cangrejos y el ecosistema de la bahía. Pero necesitaban reunir más datos para saber por qué la población era tan baja.

El plan de los científicos era atrapar cangrejos azules en la bahía. Luego, podrían estudiarlos y reunir toda la información que necesitaban. ¿Estaba cambiando la dieta de los cangrejos? ¿Estaban yendo a otras partes de la bahía? ¿Las hembras estaban poniendo suficientes huevos? Tenían que descubrir por qué estaba disminuyendo el número de cangrejos. Luego, podrían tratar de solucionar el problema.

Este letrero anuncia el cierre de un negocio de la zona.

Los biólogos marinos son científicos que estudian plantas y animales que viven en agua salada. ¡El océano es su laboratorio!

Los científicos empezaron a monitorear a los cangrejos azules. Atraparon y liberaron cangrejos 30 veces en un año. Era importante que los científicos siguieran los mismos pasos todas las veces. Así se aseguraban de que los datos fueran precisos.

Montaron cuatro estaciones para atrapar cangrejos. La primera estaba en la cabecera del río Rhode. La cabecera es el lugar donde comienza el río. Se montaron dos estaciones más en la desembocadura del río. La desembocadura es el lugar donde el río entra en una masa grande de agua. Este río desemboca en la bahía de Chesapeake. La cuarta estación estaba en medio de la bahía.

Los científicos usaron una trampa llamada red de arrastre para atrapar cangrejos. Un bote arrastraba la red por el fondo del agua. La red de arrastre siempre estaba la misma cantidad de tiempo en el agua: exactamente 10 minutos.

Luego los científicos subían la red y la vaciaban en unas cubetas grandes. Arrojaban a la bahía los peces que habían atrapado. Después, estudiaban a los cangrejos azules.

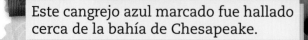

Este cangrejo azul marcado fue hallado cerca de la bahía de Chesapeake.

Biólogos marinos sacan una red de arrastre del río Rhode.

Pescar cangrejos con redes

Una red de arrastre está formada por varias partes. Tiene dos compuertas pesadas, que mantienen la red en el fondo. Cada red de arrastre tiene además una hilera de flotadores en la parte de arriba. Los flotadores son objetos livianos que ayudan a mantener la red abierta. Cada red de arrastre está unida a una cadena. Cuando una embarcación arrastra la red por la arena, la cadena asusta a los cangrejos, que saltan y entran en la red.

17

Los biólogos marinos reunieron datos sobre cada cangrejo. Midieron el caparazón de cada uno. Anotaron si era macho o hembra y estimaron la edad. Observaron la salud de cada cangrejo y tomaron notas. ¿Parecía saludable el cangrejo? ¿O parecía estar enfermo? ¿Le faltaba alguna pata? Por último, anotaron si el cangrejo estaba mudando el caparazón. Si era así, determinaban la etapa de la muda.

Después de reunir los datos, los científicos devolvían la mayoría de los cangrejos al agua. Pero se quedaban con unos pocos para marcarlos. Ataban con un alambre una etiqueta de seguimiento al caparazón de cada cangrejo. La etiqueta tenía una identificación y un número de teléfono. Luego, esos cangrejos también eran liberados en la bahía.

Los pescadores que atrapaban cangrejos que llevaban etiquetas llamaban al número de teléfono e informaban dónde y cuándo los habían atrapado. Esos datos ayudaron a los científicos a seguir los movimientos de los cangrejos azules.

Los científicos controlan atentamente a los cangrejos todos los años.

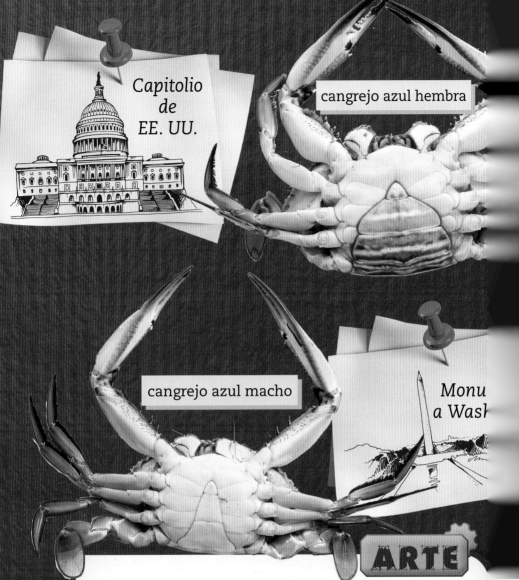

Capitolio de EE. UU.

cangrejo azul hembra

cangrejo azul macho

Monu
a Wash

ARTE

Arte en el abdomen

Hay una manera interesante de saber si un cangrejo azul es macho o hembra. Hay que darlo vuelta y mirar su abdomen. En un cangrejo macho, el abdomen parece tener un dibujo del Monumento a Washington. En un cangrejo hembra, el abdomen es redondeado y parece tener dibujada la cúpula del Capitolio de EE. UU.

Los resultados

Los científicos observaron los datos que reunieron. Descubrieron por qué los cangrejos estaban desapareciendo. Había varias razones. La más importante era la sobrepesca. Los pescadores atrapaban demasiados cangrejos cada año. Esto sucedía especialmente con las hembras. Miles de hembras eran atrapadas cuando iban a poner huevos en la entrada de la bahía. Algunas hembras recorrían más de 240 kilómetros (150 millas) para desovar. Eso las ponía en un grave peligro.

Los depredadores que viven en el agua eran otro problema. Los depredadores, como la corvina roja, comían muchos cangrejos jóvenes. La contaminación del agua también afectaba a los cangrejos. El agua sucia de la bahía causaba grandes floraciones de algas. Las algas bloqueaban el sol. La falta de luz mataba a los pastos marinos. Los cangrejos necesitan esas plantas para ocultarse de los depredadores. Las algas también mataban a los gusanos y las almejas que son el alimento de los cangrejos.

corvina roja

Las tortugas marinas
son depredadores de
los cangrejos azules.

Si un cangrejo azul pierde una
pata o una pinza, le puede volver
a crecer. Es parte del proceso
de muda. Se llama *regeneración*.

Las reglas de la bahía

La bahía de Chesapeake es grande. Limita con dos estados. Eso representa un problema para proteger a los cangrejos azules. Las personas de Maryland y Virginia tenían que trabajar juntas. Los gobernantes trabajaron para encontrar una manera de detener la sobrepesca. Los pescadores y los científicos se les unieron. Les pidieron ayuda a los gerentes de las pescaderías, que son lugares que venden pescado.

Los funcionarios escucharon a todos. Luego, hicieron reglas estrictas para salvar a los cangrejos azules. Muchas de las reglas todavía se aplican.

Las reglas acortaron la temporada de pesca de cangrejos. Limitaron el número de días por semana que un pescador podría atrapar cangrejos. Había reglas especiales para los cangrejos hembra. Una regla reducía el número de hembras que se podían atrapar. Los pescadores ya no podían atrapar hembras que iban en camino a desovar.

También se prohibió el dragado en invierno. El dragado es un proceso que extrae a los cangrejos del lodo cuando hibernan. Los pescadores que no cumplían estas reglas tenían que pagar una multa.

Los pescadores usan un instrumento especial para medir a los cangrejos azules.

Anson Hines, del Cent[...]
Investigaciones Ambie[...]
Smithsonian, sostiene [...]
cangrejo azul que tien[...]
localizador en el capa[...]

MATEMÁTICAS

Contar cangrejos azules

El Estudio de Dragado de Invierno del Cangrejo Azul
reúne datos sobre la población de cangrejos azules
en la bahía de Chesapeake todos los años. Se dragan
quince sitios. Los científicos cuentan los cangrejos que
atrapan en cada sitio. El número promedio de cangrejos
que se atrapan en un área es la *densidad*. Ese número
permite estimar el número total de cangrejos. Luego,
los funcionarios pueden calcular cuántos cangrejos se
pueden atrapar en cada temporada.

A muchos pescadores no les gustaron las nuevas reglas. ¿Cómo iban a ganar dinero? Pero sabían que las reglas eran necesarias. No habría empleos si los cangrejos azules dejaban de existir. La sobrepesca tenía que parar. Pero las redes llenas no eran el único peligro para los cangrejos. Había que tomar otras medidas.

Los funcionarios pusieron un límite a la cantidad de contaminación que podía llegar a la bahía. De esa manera, se redujeron las floraciones de algas que mataban a las plantas submarinas. Los botes debían bajar la velocidad en aguas poco profundas para que las estelas, u olas, que producían no dañaran la vegetación.

Las medidas funcionaron. Había 292 millones de cangrejos azules en 2008. Luego, se implementaron las reglas. El número de cangrejos subió a 396 millones al año siguiente. En 2010, había 663 millones de cangrejos. Los pescadores y los científicos estaban contentos. Pero no se podían relajar. Sabían que el número de cangrejos seguiría subiendo y bajando en el futuro.

NO DUMPING DRAINS TO BAY

La tapa de una alcantarilla les recuerda a las personas que no deben contaminar la bahía.

Durante la temporada de pesca de cangrejos de 2015, se atraparon 22.6 millones de kilogramos (50 millones de libras) de cangrejos azules en la bahía de Chesapeake y sus alrededores.

El futuro de los cangrejos

El futuro de los cangrejos azules en la bahía de Chesapeake es incierto. Un año, las trampas para cangrejos podrían estar llenas. Al año siguiente, podrían estar vacías. El número de cangrejos azules se ve afectado por la sobrepesca y los cambios en el hábitat. Todavía queda mucho trabajo por hacer.

Los científicos siguen estudiando la vida de los cangrejos azules. Los atrapan y los liberan para reunir información. Comparten lo que descubren con los funcionarios, que luego deciden cuántos cangrejos azules se pueden atrapar en cada temporada. Hacen nuevas reglas para proteger a los cangrejos.

Los científicos y los pescadores deben seguir trabajando en equipo. Su meta es mantener una población saludable de cangrejos azules. Si lo logran, los pescadores ganarán dinero. Las personas podrán pedir cangrejo azul en los restaurantes. Y lo más importante, los cangrejos azules seguirán viviendo muchos años.

pasteles de cangrejo

cangrejos azules hervidos

DESAFÍO DE CTIAM

Define el problema

Los ingenieros a menudo hacen modelos pequeños de sistemas grandes. Usan los modelos para probar ideas. Ven cómo funciona el sistema. Te han pedido que ayudes a resolver el problema de la contaminación en la bahía de Chesapeake. Tu tarea es hacer un modelo de un sistema de filtración de agua. Los ingenieros podrían usar tu diseño para hacer un sistema a gran escala en la bahía.

 Limitaciones: Puedes usar un solo objeto hecho por el ser humano. Todos los otros materiales deben encontrarse en la naturaleza.

 Criterios: Echarás agua lodosa con mantillo en el sistema. El sistema debe dejar el agua limpia, sin ninguna otra materia.

Investiga y piensa ideas

¿De qué manera la contaminación daña a los cangrejos? ¿Cómo están trabajando los científicos para resolver el problema? ¿Cuál es el propósito de los filtros?

Diseña y construye

Bosqueja tu diseño. ¿Qué propósito cumple cada parte? ¿Cuáles son los materiales que mejor funcionarán? Construye el modelo.

Prueba y mejora

Echa agua lodosa en el sistema. Observa cómo sale el agua. ¿Funcionó el filtro? ¿Cómo puedes mejorarlo? Modifica tu diseño y vuelve a intentarlo.

Reflexiona y comparte

¿Podrías usar materiales diferentes? ¿Podrías poner a prueba el modelo de otra manera? ¿Podría este sistema tener otro propósito? ¿Cómo afecta la contaminación del agua a los seres humanos?

Glosario

algas: plantas simples y organismos parecidos a las plantas que suelen crecer en el agua

cadena alimenticia: una cadena de sucesos en la cual un tipo de ser vivo es el alimento de otro

carnada: algo que se usa para atraer animales o peces para poder atraparlos

depredadores: animales que matan y comen otros animales para vivir

dragado: la extracción de lodo del fondo de una masa de agua

ecosistema: una comunidad de seres vivos y cosas sin vida que hay en un ambiente en particular

enzimas: sustancias químicas que ayudan a causar reacciones (como la digestión de los alimentos)

estelas: olas que dejan los barcos cuando navegan

hábitat: el hogar natural de un animal, una planta u otro organismo

hibernan: duermen durante el invierno

larvas: animales que están en la primera etapa de su desarrollo

pinzas: las puntas de las patas delanteras de un cangrejo

población: un grupo de individuos de la misma especie que viven en el mismo lugar al mismo tiempo

precisos: sin errores

se aparean: se juntan para reproducirse y tener crías

Índice

CONSEJOS PROFESIONALES
del Smithsonian

¿Quieres ayudar a los animales acuáticos?
Estos son algunos consejos para empezar.

"Muchos problemas requieren una cantidad enorme de datos para crear soluciones. Necesitamos trabajar con personas expertas en diferentes campos para hallar la mejor información sobre cada tema. De esa manera, todos podemos combinar la mejor información para resolver los problemas". **—Katy Newcomer, técnica en investigación, Centro de Investigaciones Ambientales Smithsonian**

"Los datos científicos pueden ser muy útiles para resolver problemas. Sin embargo, los datos solos no son suficientes. Para resolver problemas grandes, es necesario que los científicos y las comunidades trabajen juntos. Deben usar datos para hallar soluciones que funcionen para todos. Ser un buen comunicador y trabajar bien en equipo son cosas tan importantes como reunir buena información". **—Alison Cawood, coordinadora de ciencia ciudadana, Centro de Investigaciones Ambientales Smithsonian**